# A VIDA É BELA

## La Vie en Rose

DOMINIQUE GLOCHEUX

# A VIDA É BELA

## La Vie en Rose

SEXTANTE

*Tradução*
Fernanda Rangel de Paiva Abreu
*Preparo de Originais*
Regina da Veiga Pereira
Virginie Leite
*Revisão*
Antônio dos Prazeres
Sérgio Bellinello Soares
*Capa*
Márcia Raed (a partir de ilustração de Desclozeaux)
*Projeto Gráfico e Diagramação*
Valéria Facchini de Mendonça
*Fotolitos*
Mergulhar Serviços Editoriais Ltda.
*Impressão e Acabamento*
Yangraf Gráfica e Editora Ltda.

Miolo impresso em Chamois Bulk Dunas 90g/m²

CIP-BRASIL. CATALOGAÇÃO-NA-FONTE
SINDICATO NACIONAL DOS EDITORES DE LIVROS, RJ.

G479v Glocheux, Dominique
A vida é bela
/ Dominique Glocheux ; tradução de Fernanda Rangel de Paiva Abreu.
– Rio de Janeiro : Sextante, 2002

Tradução de: La vie en rose
ISBN 85-7542-037-2

1. Alegria – Miscelânea. 2. Felicidade – Miscelânea.
I. Título.

02-1632. CDD 131
CDU 17.023.34


Editora Sextante (GMT Editores Ltda.)
Rua Voluntários da Pátria, 45 – Gr. 1404 – Botafogo
22270-000 – Rio de Janeiro – RJ
Tel.: (21) 2286-9944 – Fax: (21) 2286-9244
Central de Atendimento: 0800-22-6306
*E-mail:* atendimento@esextante.com.br
www.esextante.com.br

# *Introdução*

A vida não é um ensaio como no teatro. Só se vive uma vez. Você jamais terá outra oportunidade de viver este momento. Nem todos os seguintes. Então é melhor levar uma vida boa. Ver a vida cor-de-rosa. E para isso não é preciso ter experimentado todas as posições do Kama Sutra, nem ter abusado de nenhuma substância. Pelo contrário. As idéias mais simples são as mais fortes. O ideal seria poder colar asas de anjo em nossas costas para voar bem alto. Para longe de tudo o que não está bom. Para finalmente ficar nas nuvens. Nadar na felicidade. Durante a vida toda, a vida toda. Posso lhes emprestar minhas asas quando quiserem... mas cuidado com a queda! Porque as primeiras asas que conseguiram me fazer voar de verdade em direção à felicidade foram as que um dia brotaram na minha cabeça. Era sem dúvida tudo que me restava para fazer: um motorista afobado tinha me quebrado todo. Eu fiquei preso à cama, incapaz de fazer qualquer movimento. Como uma borboleta presa na coleção de um entomologista. Sem me mexer. Com a mente invadida por borboletas negras. Muitos meses depois, nasceu a primeira borboleta cor-de-rosa. Depois outra. Depois mais outra. Logo eram centenas. E minha vida inteira mudou.

Cada um dos 512 itens deste livro começa com uma meia-asa dessas borboletas cor-de-rosa. Cabe a você reconstituir suas próprias borboletas. A seu modo. E deixar o feitiço agir. Deixá-las se colorirem de rosa e se multiplicarem em sua cabeça: dar asas a seu espírito, dar asas a suas borboletas. E será sua vez de sentir as asas brotarem. Não será mais preciso colá-las, você vai decolar por si só, sem esforço. Como num passe de mágica.

"Tudo o que não é dado é perdido."
(Provérbio indiano)

"A felicidade vai em direção aos que sabem rir."
(Provérbio japonês)

"Eu me contentarei com o melhor."
(Oscar Wilde)

"Eu me contentarei com a felicidade."

"Eu amo vocês..."

A Aude Berlin, meu amorzinho, que já faz parte da "Geração Borboleta", a meus pais, por terem entendido tudo antes de mim.

Obrigado a Françoise & Alexandra, por uma amizade infalível.

Obrigado a Fiona, Island, Jennifer, Laura, Liam, Margaux, M.B., Nikita & Tïuraï, por todo o amor e carinho que me deram.

Obrigado a Calypso, Elise, Gaby, Gaëlle, Jocelyne, Marine, Mylène & Zine, minhas musas, a Muriel & Alain Bosetti, a Laurence, a Laurent & Fanny, a Christian Imniac, a Michaël Williams, a Thierry, a Claude & Morgane.

1. Seja simples.

2. Esforce-se 24 horas por dia para não criticar nada nem ninguém.

3. Aprenda a preparar uma massa deliciosa.

4. Acredite no amor à primeira vista.

5. Se nunca comeu, prove um pouco.

6. Aprenda a dizer NÃO mais vezes.

7. Mande suas cartas com selos de coleção.

8. Decore sua casa da maneira mais aconchegante e confortável possível.

9. Pegue um bebê no colo. É tão bom.

10. Sorria para todas as pessoas que cruzarem com o seu olhar.

11. Tenha um animal de estimação. Manso, afetuoso. Renda-se.

12. Volte aos lugares e lembranças de sua infância.

13. Diga mais “Eu te amo” e “Senti saudades”.

14. Doe sangue.

15. Visite Veneza com seu amor nas férias. Use as milhas acumuladas nas viagens de trabalho.

16. Espreguice-se como um gato na frente da lareira.

17. Corra um risco por dia. Mesmo que no começo ele seja bem pequeno.

18. Aprenda a saborear o silêncio.

19. Siga sua primeira intuição. Geralmente é a certa.

20. Faça parte de um coral.
Cantar em grupo é ótimo.

21. Releia *O Pequeno Príncipe*,
de Saint-Exupéry.

22. Não ganhe tempo. Use-o ao máximo.

23. Aprenda a passar a ferro uma camisa.

24. Deixe-se guiar pela estrela
no fundo de seu coração.

25. Apresente seus amigos que ainda
não se conhecem. Na sua casa.

26. Leve seu amor para contemplar a noite desaparecendo na última hora antes do nascer do sol. É mágico.

27. Quando dirigir, deixe os pedestres atravessarem tranqüilamente.

28. Faça aquilo de que mais gosta. Faça sempre. E encontre logo uma maneira de ganhar dinheiro com isso.

29. Compre chiclete. Faça lindas bolas.

30. Quando não se sabe aonde se vai, corre-se o risco de chegar a um lugar qualquer. Ou pior: de não chegar a lugar nenhum. Escolha a SUA direção.

31. Invente que sua casa sofreu uma queda total de energia. Só para ver o que você e seu amor encontrarão para fazer, sozinhos, na escuridão completa.

32. Dê muitos presentes. Mesmo pequenos.

33. Compre com antecedência pelo menos trinta presentes para crianças e adultos: sempre que tiver oportunidade, compre tudo de que gostar. Guarde os presentes dentro de uma mala ou de um móvel fechado a chave.

34. Grave os batimentos cardíacos do bebê na barriga da mãe.

35. Se uma criança perder um dente de leite, chame a fadinha. É bom demais encontrar uma moeda debaixo do travesseiro.

36. Vá dormir às nove da noite uma vez por semana. Se fizer isso na quinta-feira, seu fim de semana será sublime.

37. Tenha em casa um bom guia prático do bem-viver. Aperfeiçoe seus conhecimentos sobre o que fazer para se divertir e ser feliz.

38. Passe um fim de semana na praia ou na montanha. Quando voltar, vai ter a impressão de ter feito uma viagem de quase uma semana.

39. Encontre três idéias para tornar sua vida mais SIMPLES. Mais fácil. Menos complexa.

40. Compre roupas íntimas sexy para o seu amor.

41. Dentre todas as suas atividades, priorize as que forem úteis para os outros.

42. Ande um quilômetro todos os dias, ou gaste energia de outro modo: exercitar-se é uma maravilha contra o estresse e os pensamentos aflitivos.

43. Tenha sempre uma garrafa de champanhe na geladeira.

44. Em público, com muita gente em volta, sussurre no ouvido do seu amor que vocês são felizes. E que é por causa dele.

45. Durante as próximas 24 horas, puxe conversa com TODAS as pessoas com quem você cruzar seu olhar.

46. Pense nisso: "Separar-se é dizer bom-dia a outra coisa." Um fim já esconde um começo que se prepara.

47. Tenha um passatempo favorito.

48. Reduza o ritmo.

49. Cerque-se de pessoas que vejam o melhor em você. E que encorajem seus avanços.

50. Se tiver um problema afetivo, cuide de crianças. Assim terá que pensar só nelas. E em mais nada.
E fingir que está tudo bem.
É mágico.

51. Ouse dizer: "Venha aqui um segundo, você está com um cílio quase entrando no olho, chegue mais perto." E sopre suavemente. Principalmente se não houver nada para soprar.

52. Em um jantar a dois, esconda um recado carinhoso debaixo do prato do seu amor.

53. Anote em um caderno todas as boas lembranças que guardou desde que conheceu seu amor. Quando chegar à última página, dê-lhe o caderno de presente.

54. Alugue uma pequena motocicleta para passear no fim de semana.

55. Esforce-se durante 24 horas para demonstrar mais educação e cortesia do que de hábito. Observe a mudança à sua volta.

56. Antes de voltar para casa depois de um longo dia de trabalho, relembre tudo que fez. Depois decida não pensar mais no assunto até o dia seguinte. Com o tempo, suas preocupações profissionais se distanciarão de sua vida particular.

57. Sob suas roupas mais sérias, seja sexy.

58. Aprenda a reconhecer as principais estrelas do céu.

59. Uma vez na vida, dirija um trator agrícola.

60. Quando discutir com pessoas queridas, deixe-as ganhar. Escolha ser feliz em vez de ter razão.

61. Convide seus melhores amigos para irem à sua casa. Mesmo que tenha uma boa desculpa para adiar o convite.

62. Se tiver espaço, instale um balanço no jardim ou uma rede na varanda.

63. Chame as pessoas pelo nome: não há música mais agradável para os ouvidos.

64. Quando falar, fale mais alto.

65. Quando andar, ande mais depressa.

66. Quando cantar, cante mais agudo e mais alto.

67. Saiba reconhecer um ipê, uma mangueira, um jequitibá, um manacá, uma jabuticabeira.

68. Dê um ar de festa a seus próximos cinco minutos. Agarre o que cair em suas mãos e a primeira idéia que lhe vier à cabeça.

69. Lembre-se de que 20% do esforço produz em média 80% do efeito. Mais do que isso é um desperdício. E você nunca verá a diferença. Faça o melhor que puder, mas pare assim que conseguir 80% do efeito desejado...

70. ...e desconfie do perfeccionismo: os últimos 20% de efeito exigem 80% do esforço TOTAL. Não perca 80% do seu tempo aprimorando 20% de seu trabalho: aprenda a dosar. Perfeição se soletra assim: "P-A-R-A-L-I-S-I-A".

71. Encontre um P.S. bem gentil para terminar todas as suas cartas pessoais.

72. Dê a si mesmo antes de dar aos outros. Assim terá mais para dar.

73. Pouco antes de adormecer, sussurre no ouvido de seu amor: "Eu te amo."

74. Vá nadar na hora do almoço.

75. Compre vários cartões para aniversários e outras ocasiões especiais. Faça um estoque.

76. Aprenda a ordenhar uma vaca.

77. Suba num lugar bem alto. Num monumento, numa cobertura de hotel, numa montanha. Tudo fica tão diferente visto de cima.

78. Faça um tratamento à base de pólen e geléia real.

79. Alugue um detector de metais durante um fim de semana. Saia à caça do tesouro.

80. Cerque-se de amigos melhores do que você.

81. Antes de um projeto importante, pense no que faria se não pudesse errar nada. Anote cuidadosamente.

82. Leve uma criança para ver os hipopótamos e os macacos no zoológico.

83. Beije seu amor sempre que parar num sinal vermelho.

84. Faça uma lista de tudo o que a vida já lhe deu. Agradeça à vida...

85. ...e faça a lista do que ainda quer. Feche os olhos e faça um pedido.

86. Evite justificar-se. Ou provar suas qualidades.

87. Peça discretamente ao cozinheiro para fazer uma pizza em forma de coração. Mande servi-la a seu amor.

88. Escute MPB. Deixe-se invadir pelo ritmo da música. Pense que está na praia. Entregue-se.

89. Tenha sempre à mão uma muda de roupa para fazer exercício na hora que quiser.

90. Nunca comece uma frase com "Eu não deveria dizer isso, mas...". Morda a língua.

91. Ouse dizer a alguém que não conhece: "Desculpe, perdoe-me por abordar você assim, mas foi mais forte do que eu, eu PRECISAVA falar com você."

92. Escreva poemas. Mesmo sem fazer rimas bonitas.

93. Beba uma água-de-coco bem gelada depois de caminhar sob um sol de 40ºC.

94. Não se deixe bloquear por uma pequena dúvida, preocupação ou medo: corra o risco. Estatisticamente, sairá ganhando.

95. Fazer a coisa certa vale um milhão de vezes MAIS do que fazer bem as coisas: seja eficiente, nunca eficaz.

96. Não perca uma oportunidade que lhe pareça "boa". Confie em sua sorte. Teste-a muitas e muitas vezes. Isso é a coisa de que ela mais gosta.

97. Plante flores em sua casa.

98. Dê a mão a uma criança.
É bom demais.

99. Não perca uma oportunidade de andar a cavalo. Principalmente de manhã, perto do mar.

100. Invente uma receita. De drinque de banana, de camadas-de-legumes-assados-no-forno ou de bolo de chocolate “caseiro”, do que tiver vontade. Batize-a com seu nome e ensine aos amigos.

101. Escolha bem a pessoa com quem você vai morar: NENHUMA decisão é mais importante.

102. Jamais dê um presente sem tê-lo embrulhado.

103. Use azeite para cozinhar.

104. Evite emprestar muito dinheiro a um amigo. Raramente é uma boa solução. Você corre o risco de perder o amigo e o dinheiro.

105. Alugue patins durante um fim de semana.

106. Seja o melhor amigo do seu amor.

107. Não considere um dia como o prolongamento do dia anterior: adiar as coisas é sempre uma grande tentação. Aproveite ao máximo cada dia. Independentemente de ontem ou de amanhã.

108. Aprenda a reconhecer uma plantação de feijão, de milho, de soja, de arroz.

109. Seja ousado.
"A fortuna sorri para os audaciosos."
(Virgílio)

110. Agüente firme. Se você acredita que está no caminho certo, não pare. Agüente firme.

111. Dê-se de presente uma boa massagem com um terapeuta corporal.

112. Não tenha vergonha de dizer:
"Preciso de ajuda."

113. Ponha fim a uma relação ou a uma atividade insatisfatória.

114. Risque do seu vocabulário: "Eu devo/Eu deveria", "Eu preciso/Eu precisaria". Você não deve nada de importante a ninguém.

115. Combine fazer um longo passeio à beira-mar ou num parque florido com alguém de quem goste.

116. Seja carinhoso e romântico. De um romantismo incurável.

117. Se acordar no meio da noite, beba um copo d'água antes de voltar a dormir.

118. Não assopre as velas de aniversário dos outros.

119. Seja mais curioso.
Faça mais perguntas.

120. Receba seu amor na porta de casa com um grande buquê de flores.
E mais NADA.

121. Confie nos outros. Espontaneamente.

122. Comemore os pequenos sucessos, vitórias, prazeres e outros acontecimentos felizes.

123. Contribua para a luta contra o câncer e a AIDS.

124. Navegue na Internet. Os cybercafés estão aí para isso.

125. Releia as primeiras cartas de amor que recebeu.

126. São cinco horas da manhã: vá ver, a cidade está despertando. É inesquecível.

127. Congele um presente ou um recadinho carinhoso dentro de um cubo de gelo. Deixe seu amor descobrir a surpresa.

128. Jamais finja.

129. Aproveite ao máximo as liquidações de fim de estação.

130. Em uma bela tarde de verão, deite-se de costas na grama, no feno ou na areia, junto com seu amor.

131. Decore seu poema preferido.

132. Enquanto não for concretizada, mesmo uma idéia genial não tem NENHUM valor. Pense menos. Aja.

133. Prepare com freqüência a mesa do café da manhã e suas coisas para o dia seguinte.

134. Visite lugares históricos.

135. Rir cura todos os machucados da vida. Ultrapasse a dose recomendada.

136. Saiba todas as preferências do seu amor. Esporte, cor, perfume, flor, revista, sobremesa, cinema, canção, etc. – tudo.

137. Faça aulas de ioga.

138. Colha verduras em uma horta sem agrotóxicos. Faça uma salada. Com cebolas, palmito e ovos cozidos é ainda melhor.

139. "O homem não tem nada melhor para fazer do que tentar estar em perfeito acordo consigo mesmo." (Freud) Tente.

140. Acredite em Papai Noel.

141. Não se leve a sério demais.

142. Anote as datas dos aniversários das pessoas mais chegadas a você em um calendário perpétuo. Comemore todos os aniversários.

143. Treine escolher e dirigir seus pensamentos, sentimentos e ações sempre que possível.

144. Vá esperar seu amor na saída do trabalho.

145. Concentre-se quando seu coração bater de emoção ou derreter de prazer. Aproveite. Saboreie. Deixe o prazer atravessar seu corpo...

146. ...não pense em "depois": você poderia pôr tudo a perder.

147. Aprenda a trocar um pneu e a verificar a calibragem, o nível do óleo de freio, o nível do óleo do motor.

148. Telefone para seu amor sem motivo especial. Com muito carinho. Apenas para dizer "Eu te amo".

149. Olhe as pessoas bem nos olhos. Profundamente.

150. Adiante seu relógio oito minutos.

151. Faça uma montagem com a foto de seu melhor amigo como se ele estivesse na capa da revista de que mais gosta. Escreva um título bem engraçado. Mande para ele.

152. Reserve para si momentos de intimidade. A sós. Sem ninguém para incomodar.

153. Esconda um recado carinhoso debaixo do travesseiro de seu amor.

154. Muitos perdem a vida tentando ganhá-la. Viva.

155. Nunca espalhe uma fofoca ou um boato.

156. As quatro regras de OURO: dê prioridade a seus problemas, cuide deles um por um, delegue ao máximo, concentre-se.

157. "Concentre-se" significa: esqueça todo o resto, envolva-se de corpo e alma em UMA coisa só de cada vez, sem interrupção.

158. Compre um nariz vermelho de palhaço.

159. "Não podemos andar olhando as estrelas quando temos uma pedra no sapato." (Provérbio chinês) Livre-se definitivamente das coisinhas que incomodam. Rápido.

160. Feche os olhos ao saborear algo gostoso.

161. Peça a seu amor para fazer uma reserva num espetáculo. Daqui a um mês. O mistério durante 30 dias será tão bom quanto o próprio programa.

162. Arrisque sua sorte.
Muitas vezes. De novo.
E de novo. E de novo. E de novo.
E de novo. E de novo. E de novo.
E de novo. E de novo.

163. Alugue um carro conversível por um fim de semana.

164. Diga mais "Bom-dia", "Por favor", "Desculpe", "Obrigado".

165. Seja o primeiro a aplaudir um espetáculo ou um discurso.

166. Organize um churrasco com seus melhores amigos.

167. Dê um apelido novo para o seu amor. Use-o sempre.

168. Assine uma revista de palavras cruzadas. Ponha um exemplar no banheiro, com uma borracha e um lápis.

169. Conserve sua alma de criança.

170. Dê de presente ao seu amor um calendário em que tenha marcado os dias que quer passar com ele. Marque todos.

171. Marque-os com adesivos dourados em forma de coração.

172. Encontre um perfume que revele sua personalidade.

173. Traga seus sonhos para a superfície. Sobretudo seus sonhos de criança. Quando abandonamos nossos sonhos, morremos.

174. Aprenda a apagar as más lembranças.

175. Não perca uma oportunidade de falar em público.

176. Crie um oásis só seu onde possa recarregar as baterias. Encontrar-se.
E pensar em soluções.

177. Visite um jardim público onde haja um roseiral na época em que os botões estiverem se abrindo.

178. Deixe-se levar por suas emoções. Ria alto ou chore como um bezerro desmamado, se tiver vontade. Entregue-se.

179. Colha framboesas, goiabas, jabuticabas.

180. Se tudo fosse possível, o que você mudaria em sua vida? Encontre pelo menos três idéias.

181. No réveillon, não perca o show de fogos de artifício na Praia de Copacabana, transmitido ao vivo todos os anos pela televisão.

182. Feche os olhos e faça um pedido.

183. Tire da gaveta e deixe em um lugar visível a roupa íntima que você gostaria de ver – ou simplesmente imaginar – seu amor usando.

184. Não deixe passar um prazer sob o pretexto de que quer algo ainda melhor.

185. Tenha o aspirador de pó ou o processador de alimentos mais potente e completo que puder encontrar: simplifique sua vida.

186. Diga sempre "Que prazer rever você!".

187. Aceite a vida como ela é.

188. Vá contemplar a natureza do alto de uma montanha. Do Pico das Agulhas Negras é &#@√!!

189. Faça uma lista das coisas de que mais gosta: um livro, uma revista, um esporte, um cantor, um restaurante, um perfume, uma cor, etc.

190. Tenha um único objetivo na cabeça. Ande em linha reta nessa direção. Sem se deixar desviar. As etapas se encadearão sozinhas.

191. Diga sempre às crianças que tem orgulho delas e que elas progrediram muito.

192. Lave os cabelos do seu amor.

193. Não se desespere por tudo o que for difícil mudar. Faça o melhor que puder. E não pense mais no assunto.

194. Compre dez grandes álbuns de fotografia auto-adesivos e reposicionáveis. Sem pensar.

195. Aprenda a se amar. Do jeito que você é. Tanto por dentro quanto por fora.

196. Faça aulas de zen-budismo.

197. Hoje à noite, chegue em casa vestindo uma fantasia. Sem avisar.

198. Peça ajuda a seus avós para fazer a árvore genealógica da família.

199. Evite recomeçar tudo do zero. Encontre uma maneira de reutilizar seus esforços e sucessos anteriores. Recicle.

200. Não perca a oportunidade de comer sentado no gramado de um parque.

201. "Não existe vento favorável para aquele que não sabe aonde vai." (Sêneca) Guie a sorte até você.

202. Seja espontâneo.

203. Feche os olhos. Pense nos três momentos de maior felicidade de sua vida...

204. ...concentre-se em cada um de seus sentidos: visão, audição, tato, paladar, olfato. Redescubra exatamente o que sentiu nesses momentos de intensa felicidade.

205. Alugue um piano e comece a estudar.

206. Aprenda três truques de mágica.

207. Atraia o bom humor. Decore sua casa e seu escritório com cores alegres e use roupas coloridas. Ouse vestir rosa.

208. Jamais peça um desconto antes de saber o total da conta.

209. Faça seus pensamentos libertarem você. Não o contrário.

210. Nunca critique seu amor a ponto de magoá-lo. Você o estaria machucando inutilmente.

211. Pegue um gatinho no colo. Escute-o ronronar.

212. Saboreie um abacaxi gelado na praia, no auge do verão. Com os pés para cima.

213. Da próxima vez que viajar de avião, peça para visitar a cabine do piloto.

214. Organize uma festa surpresa no aniversário de seu melhor amigo.

215. Tenha em sua carteira fotos das pessoas que você mais ama.

216. Permita-se uma fantasia. Mesmo um pouco maluca.

217. Compre muito mais legumes e frutas.

218. Experimente desenhar, pintar, esculpir. Inscreva-se em um curso de expressão artística...

219. ...e em uma aula de dança. Aprenda a dançar tango, foxtrote e samba.

220. Dê gorjetas generosas. De vez em quando, acrescente uma Raspadinha.

221. Procure estar sempre que possível com a pessoa certa, no lugar certo, na hora certa.

222. Descubra novas atividades que façam aumentar sua taxa de adrenalina.

223. Beije cada centímetro quadrado do corpo do seu amor. Devagar.

224. Consiga os catálogos de três agências de viagem.

225. Aprenda esqui aquático até conseguir andar de monoesqui.

226. Dê prazer por prazer. Não por dever. E principalmente não para ser amado.

227. Vá devagar. Diga a si mesmo:
"Vou viver tranqüilamente."
E viva tranqüilamente.
Deixe-se viver.

228. Fale logo o que está preocupando você. Não espere que os outros adivinhem.

229. Não se compare com ninguém.

230. Quando se come em uma mesa bonita e refinada, tudo tem um gosto especial. Cuide da apresentação.

231. Aprenda a pular corda.

232. *Carpe diem.* Aproveite o dia. Aqui e agora. Você nunca será capaz de fazer o tempo recuar: aproveite este instante, cada instante, com deleite.

233. Abrace as pessoas que ama. Principalmente sem motivo especial.

234. Seja generoso.

235. Tome decisões todo Ano-Novo. Anote-as. Tente cumpri-las por 21 dias. Depois disso, fica fácil.

236. Deseje "bom-dia" sempre que possível.

237. Vá buscar seu amor na rodoviária ou no aeroporto. Qualquer que seja o dia ou a hora.

238. Decida que não sentirá mais ciúme. Isso vai mudar sua vida. Além disso, é divertido: em geral, o outro fica com ciúme.

239. Nunca espere a inspiração nem a vontade. Ponha a mão na massa, comece a trabalhar mesmo se estiver num dia ruim. E a inspiração vai surgir.

240. Aprenda a fazer malabarismos com duas, depois com três bolas.

241. Combine sair para pescar com seus amigos.

242. Adquira o hábito de levar flores para casa, pelo menos uma vez por semana.

243. Leve seu amor para fazer um piquenique. À beira-mar ou perto de um rio. No alto de um farol ou na montanha.

244. Corra mais riscos. Para conseguir as coisas, é preciso dobrar a taxa de fracassos.

245. Não se esqueça de apertar a mão da pessoa a quem está dando bom dia.

246. Espreguice-se respirando profundamente. Dê preferência à respiração abdominal, mais regeneradora.

247. Seja razoável, agrade a si mesmo.

248. Aprenda a trocar uma lâmpada ou a consertar uma tomada.

249. Estimule as pessoas a falar de si mesmas, daquilo que as interessa. É surpreendente o quanto você vai aprender. E talvez fique realmente interessado.

250. Tome mais decisões. Decisões bem claras. E evite voltar a pensar nelas como se fugisse de uma praga.

251. Dê mais beijos, faça mais carícias, mais cócegas. Principalmente sem motivo especial.

252. Arranhe de leve as costas do seu amor.

253. Peça a seu amor para arranhar de leve suas costas.

254. Se você fosse morrer daqui a um ano, o que mudaria em sua vida? Encontre três idéias. Comece logo a executá-las.

255. Se você fosse morrer amanhã, o que faria em seus últimos instantes? Faça isso em 48 horas.

256. Dê-se o direito de exprimir seus sentimentos, de não ser forte. Mostre-se. Abra-se.

257. Leia histórias para as crianças.

258. Faça um tratamento à base de algas marinhas.

259. Decore um diálogo do teatro clássico.

260. Pare de fazer teatro: seja você mesmo. Aja como bem entender, em vez de adotar a conduta que pensa ser o que esperam de você.

261. Leve seu amor para ver o sol se pôr. Para ver a lua nascer e as estrelas aparecerem. Façam um pedido a dois.

262. Divirta-se com sua aparência: mude o corte e a cor dos cabelos, os óculos, a maquiagem, o relógio, etc.

263. Guarde os artigos de jornal que lhe derem "idéias novas".

264. Visite um aquário com peixes tropicais. As cores são magníficas.

265. Dedique seu tempo ao essencial. O que não é essencial é inútil.

266. Alugue um karaokê para o seu aniversário.

267. Confie em seu bom senso.

268. Resista à tentação de recomeçar uma história de amor que acabou mal.

269. Nunca tente ser perfeito. JAMAIS.

270. Faça uma promessa original para trazer sorte e felicidade a alguém querido.

271. Pule sete ondas no mar na noite de Ano-Novo e faça um pedido com seu amor.

272. Escreva recadinhos carinhosos. Esconda-os em dez lugares diferentes para fazer o máximo de surpresas possível.

273. Pegue os folhetos que lhe derem na rua. As pessoas recebem para fazer esse trabalho.

274. Suba uma vez na vida no lombo de um camelo ou de um elefante.

275. Tudo está ficando complicado em sua cabeça? Pare, interrompa tudo. Recomece tudo do zero. Rápido.

276. Abra uma boa garrafa de vinho.

277. Compre caderninhos em espiral para poder sempre tomar nota de suas idéias.

278. Não saia por aí exibindo todos os símbolos do "sucesso social".

279. Dê prioridade aos projetos e ações que favoreçam sua estabilidade interior e sua serenidade.

280. Aprenda a pregar um botão.

281. Pule como um canguru ou ande balançando os braços como um macaco para fazer as crianças rirem.

282. Ouse fazer perguntas à lua. Você vai ouvir mais "sim" do que imagina.

283. Aprenda a dizer "Eu te amo" em italiano, hebraico, grego, japonês, árabe, chinês, russo, sueco, espanhol, francês, inglês.

284. (Ti amo, Ani ohev otar, S'Agapo, Ai shite imassu, Bahibak, Wo ai nei, Ya liubliu tiebia, Jag alskar dig, Te quiero, Je t'aime, I love you.)

285. Visite a Amazônia.

286. Aprenda a assobiar.

287. Faça cursos com seu amor: arqueologia, arte moderna, enologia, asa-delta, alpinismo, o que quiserem. Mas tenham aulas juntos.

288. Tenha cem vezes menos idéias, intenções, projetos. Aja mais. Concretize. Seus atos são cem vezes mais eficazes do que tudo o que puder inventar.

289. Fuja correndo das pessoas que precisam ter preocupações ou sofrer para se sentirem vivas.

290. Balance-se. Em uma cadeira de balanço. Em uma rede. Onde quiser. Balance-se, devagar.

291. Seja o seu melhor amigo.

292. Aprenda a delegar cada vez mais. Ter sucesso ajudando os outros a terem sucesso é o segredo de muitas histórias de sucesso.

293. Não perca um só segundo pensando em seus inimigos.

294. Encadeie seus esforços. Vale sempre mais a pena do que trabalhar loucamente.

295. Suba em uma árvore para colher mangas ou jambos. Como quando tinha dez anos.

296. Deite-se perto de uma lareira acesa. Deixe-se embalar, hipnotizar pelas chamas. Jogue lá dentro um punhado de sal grosso para colori-las de verde.

297. Limpe sua cabeça: anote as pequenas coisas que a estão atravancando e não pense mais nelas.

298. Nunca dê um livro de presente sem antes escrever uma dedicatória.

299. Inclua todas as pessoas de quem gosta nas suas orações.

300. Vista a camiseta usada pelo seu amor.

301. Pense GRANDE. A vida é um espelho: ela nunca lhe dará mais do que aquilo que você espera dela.

302. Saboreie um delicioso copo de vinho quente com canela quando estiver frio.

303. Prenda um presentinho em balões pendurados no teto.

304. "Oitenta por cento do sucesso está no primeiro passo." (Woody Allen) Um passo basta. Vá em frente.

305. Crie uma festa anual em uma data fixa para reunir todos os seus amigos. Por exemplo: no último domingo de setembro.

306. Faça cócegas em seu amor.

307. Tenha em casa pelo menos um filme romântico, como *Uma linda mulher* ou *Sabrina*.

308. Se você escolher uma profissão que ame, assim como arrumar um jeito de trocar as tarefas de que não goste por tarefas que adore, isso nunca mais será "trabalho" para você. PARE DE TRABALHAR.

309. Respeite seus princípios.

310. Veja televisão atrasado. Ganho de tempo: 50%. Ganho em qualidade dos programas: 500%. Graças ao videocassete.

311. Enxugue seu amor com uma toalha quente (pense em usar a secadora de roupas). Bem devagar.

312. Receba cada dia que nascer com amor, confiança e paz.

313. Escute música suave.

314. Encontre três idéias para melhorar o ambiente ao seu redor.

315. Cante. Sem motivo especial. Mesmo altíssimo. Mesmo quando estiver a sós. Mas com crianças é ainda melhor.

316. Tire as medidas do seu amor. Pescoço, peito, braço, mão, dedos, quadril, coxa, canela, pé, etc. – tudo.

317. Não critique o presente que lhe deram.

318. Fuja daqueles que põem você para baixo ou que sugam sua energia.

319. Se lhe faltar tempo três dias seguidos, reserve uma hora para reavaliar suas prioridades. Adie ou cancele o que não for essencial.

320. Tome um banho quente com sais de banho e algas.

321. Plante uma árvore a cada acontecimento importante: uma árvore frutífera para um aniversário, uma palmeira para um nascimento.

322. Antes de planejar uma viagem internacional – sobretudo se ela for curta –, lembre-se de que os estrangeiros invejam a beleza e a diversidade de nossas paisagens.

323. Ofereça um pacote de pequenos presentes inspirados em cada uma das letras do nome do seu amor.

324. Acrescente um "extra": confete, pequenos corações, perfume, uma colagem de fotografias, areia, seu beijo em batom, um fio de cabelo, sua impressão digital, etc.

325. Se alguém que conhece estiver satisfeito com seu bombeiro, com seu dentista ou com seu cabeleireiro, peça logo o nome e telefone dessas pessoas.

326. Conscientize-se de que você é dono do SEU tempo. De que PODE fazer dele o que bem entender. Em total liberdade.

327. Leve um travesseiro inflável e bons tampões de ouvido quando for viajar de avião.

328. Ofereça ao seu amor um almoço gastronômico fora da cidade. Em um restaurante com pelo menos duas estrelas no *Guia Quatro Rodas.*

329. Aproveite mais a vida. Levante-se mais cedo de manhã.

330. Alegre-se com seus progressos, por menores que sejam.

331. Pratique um esporte coletivo. Mesmo de forma irregular.

332. Comece pelo mais importante. O urgente sempre pode esperar.

333. Exagere: se seu amor adora chicletes, dê-lhe quilos de presente.

334. Faça uma limpeza em sua mente: uma consciência limpa é uma porta escancarada para a felicidade.

335. Não perca a oportunidade de assistir a um show ao ar livre.

336. Livre-se de todos os aspectos austeros e maçantes de sua vida. Extermine-os sis-te-ma-ti-ca-men-te.

337. Diga a seu amor por que você o ama. Para começar, dê-lhe as dez melhores razões.

338. Procure um trevo de quatro folhas.

339. Divida seus objetivos de longo prazo em miniobjetivos precisos, claros, numerados e datados. Ao todo, dez no máximo.

340. Faça um calendário com prazos precisos para cada miniobjetivo. Ponha tudo por escrito. Sem rasuras.

341. Releia de vez em quando a lista de objetivos e miniobjetivos. Alegre-se com os progressos, avalie as dificuldades.

342. Permita-se reformular sem qualquer culpa tudo aquilo que não o faz feliz.

343. Ande por cima das almofadas.

344. Circule por lugares interessantes. Para conhecer pessoas.

345. Passe junto com alguém nas portas rotativas.

346. Na cozinha, deixe sempre aberto um bom livro de receitas. Com fotos coloridas.

347. Pergunte-se sempre: "Qual é neste momento a melhor maneira possível de usar MEU tempo?" Encontre a que lhe parecer melhor. Ação.

348. Deite-se em uma rede. Olhe para o céu. Escute o vento. O barulho das folhas.

349. Tenha várias bicicletas. Organize passeios com amigos.

350. Faça dois minicontratos com você mesmo.

351. Cuide para não ser interrompido quando estiver concentrado. Sua eficácia será multiplicada por três. Aprenda a dizer não e a marcar encontros com os outros.

352. Ajude os outros. Espontaneamente. Gratuitamente.

353. A cada dia, dê dez minutos seguidos de atenção exclusiva ao amor da sua vida.

354. Descubra a escalada ou o passeio por trilhas com seus amigos.

355. Decida que, a partir de agora, vai agir segundo sua própria escolha. E não mais por obrigação ou por fraqueza.

356. Dê comida aos passarinhos. Ouça-os cantar. Acompanhe seu vôo pelo céu.

357. O prazer está, antes de tudo, na espera: não se apresse.

358. Tenha um bom livro perto da cama.

359. Fique em silêncio. Redescubra sua calma interior. Sua sabedoria profunda.

360. Não confie em sua memória: anote rápido suas idéias. Caso contrário, elas perderão 80% de seu poder.

361. Releia sempre as melhores idéias que anotou. Para ter novas idéias, alimentar sua criatividade.

362. Comemore as noites de lua cheia com seu amor.

363. Brinque. Com as crianças, com os amigos, com quem quiser. É um elixir da juventude.

364. Não perca uma oportunidade de dançar com seu amor.

365. Compre todo mês uma revista ou um livro muito distante de suas preocupações habituais.

366. Comemore o aniversário de seu primeiro beijo, de seu primeiro "Eu te amo", de suas primeiras carícias, etc. Crie vários outros aniversários.

367. Tome um café no salão de um palácio. Saboreie esse instante.

368. Passe suas preocupações por um raio laser. Não pelo scanner.

369. Ande sem sapatos em um gramado ainda molhado pelo orvalho, de manhã cedinho. De olhos fechados. Saboreie esse instante.

370. Evite ver o noticiário na televisão: ler um jornal impresso permite-lhe ser mais seletivo.

371. Faça aulas de veleiro. Até conseguir velejar sozinho.

372. Não diga "Está vendo como eu tinha razão" nem "Eu não lhe disse?". Estaria magoando a pessoa inutilmente.

373. Aposte uma corrida de quatro. Com quem?

374. Escreva. Ponha suas idéias no papel. Elas ficarão mais claras e mais fortes. E será mais fácil concretizar o que você tem em mente.

375. Faça alguns exercícios tonificantes todos os dias. Você ficará mais em forma para fazer amor.

376. Desconfie dos atalhos se estiver com pressa de ser feliz. É mais rápido ir devagar.

377. Contemple seu próximo arco-íris com calma. Faça um pedido.

378. Sorria para as pessoas. Duas vezes mais do que costuma fazer. Durante o dobro do tempo. É irresistível. E pode mudar a sua vida.

379. Muitos projetos nunca se tornam realidade UNICAMENTE porque não fixamos a data de seu início ou de sua conclusão. FIXE DATAS.

380. Visite um planetário ou um museu de história natural.

381. Não perca a oportunidade de tirar um cochilo em uma rede.

382. Brinque com massa de modelar.

383. Faça uma massagem inesperada em seu amor. Couro cabeludo, mãos, dedos, costas, têmporas, testa, ou pés.

384. Faça listas. Por exemplo: o que deve colocar em geral dentro da mala ou no carrinho de supermercado. Vá aperfeiçoando-as com o tempo. Você não vai mais se esquecer de nada, não vai mais se estressar e vai ganhar um tempo louco.

385. Não sacrifique uma parte de sua vida ao dinheiro ou a uma "felicidade" futura: você corre o risco de ter graves desilusões.

386. Da próxima vez, use um caminho diferente para voltar para casa.

387. Marque um encontro telepático com seu amor: na hora marcada, parem tudo e pensem um no outro.

388. Não deixe de bocejar. Lentamente. Abrindo bem a boca e espreguiçando-se para todos os lados.

389. Resista à vontade de demonstrar que tem razão. Deixe as pessoas de bem com seu amor-próprio. Escolha ser feliz, em vez de ter razão.

390. Várias vezes ao dia, obrigue-se a não pensar nem analisar mais: deixe seu cérebro vagar, flutuar em total liberdade. Zen.

391. Mande fazer um pôster gigante da melhor foto que tiver com seu amor.

392. Aprenda a dar um nó de gravata.

393. Se lhe perguntarem o que deseja, não responda "tanto faz" ou "o que você achar melhor". Escolha alguma coisa.

394. Tente pelo menos uma vez na vida esquiar de parapente.

395. Mande um cartão de aniversário por dia para seu amor, durante os trinta dias que precederem o dia D.

396. Tenha um abajur perto de uma poltrona muito confortável. Para ler nas melhores condições possíveis.

397. Filtre as chamadas telefônicas quando estiver concentrado: peça a alguém em sua casa ou no seu escritório para fazer isso, ou ligue a secretária eletrônica.

398. Coma pouco antes de visitar uma galeria de arte. Sentirá o coração bater mais rápido diante de tanta beleza.

399. Encontre três idéias para dar mais equilíbrio à sua vida.

## 400. Faça as pazes com você mesmo.

401. Nunca pare de namorar sua mulher ou seu marido e capriche nos beijos na boca.

402. Organize uma tarde de compras com seus amigos.

403. Exprima suas opiniões com força e convicção. E ouça as dos outros com interesse.

404. Certifique-se de aprender a lição com cada tapa que a vida lhe der. De outro modo, a situação vai se repetir. Mais cedo ou mais tarde.

405. Compre as balas de sua infância. Balas Boneco, Frumelo, chiclete Ploc, jujuba, etc. Chupe-as lentamente.

406. Como seriam as férias mais maravilhosas de sua vida? Encontre três idéias. E faça as malas.

407. Pouco antes de dormir, leia em voz alta para o seu amor.

408. As fadas sempre querem realizar três pedidos. Faça um quarto, muitas vezes funciona.

409. Aceite todos os inconvenientes da burocracia como um dever cívico. E não pense mais no assunto.

410. Faça compras com seu amor.

411. Limpe. Arrume. Estará "limpando" e "arrumando" sua cabeça ao mesmo tempo. Como num passe de mágica.

412. Encontre tempo para olhar um pássaro fazer o seu ninho, uma aranha tecer a sua teia, as formigas construírem uma cidade inteira.

413. Decore sua canção favorita. Além dela, decore também *Volare* e *New York, New York.*

414. Leia o livro favorito do seu amor.

415. Aprenda a deliciar-se com as alegrias mais simples.

416. Dê rosas vermelhas a seu amor. Se não souber o motivo, ele saberá.

417. Não economize no preço de uma bela cozinha e de um belo banheiro. Eles são importantes demais para o seu bem-estar. Você pode economizar com outra coisa.

418. Evite os aborrecimentos. É mais barato e mais fácil do que encontrar uma maneira de se livrar deles depois.

419. Qualquer que seja a temperatura, molhe pelo menos os pés sempre que chegar perto do mar. Pule nas ondas. Respire bem fundo.

420. Tire uma semana de férias por mês. A longo prazo, você terá a mesma produtividade. Mas será bem mais feliz. É assim: antes de ir embora, você se apressa para terminar; na volta fica ultra-rápido.

421. Pelo menos uma vez na vida, faça geléias.

422. Passe um bom tempo flanando em uma livraria.

423. Não perca uma oportunidade de escorregar em um tobogã.

424. Tire muitas fotos. Lembre-se das câmeras descartáveis.

425. Pelo menos uma vez na vida, leve seu amor para passear de trenó ou de carruagem.

426. Alugue uma luneta de astrônomo.

427. "Procuramos em vão nossa felicidade ao longe quando esquecemos de cultivá-la dentro de nós mesmos." (Rousseau) Medite.

428. Fique mais leve. Em TODOS os sentidos da palavra. Sua vida será mais bonita. Mais leve. Mais fácil. Mais alegre.

429. Decore uma música ao piano.

430. Descubra alguma coisa que possa tornar o dia do seu amor mais bonito.

431. Libere-se depois de uma vitória. Seja ela pequena ou grande. Solte-se.

432. Nunca dê conselhos sobre a bolsa de valores.

433. Uma vez ou outra, decida perder um pouco de tempo.

434. Pergunte ao seu amor tudo que ele considera erótico. Vai aprender muitas coisas.

435. Se algo em uma vitrine realmente lhe agradar, não deixe passar: é raro se arrepender de uma "pequena loucura". Não confunda o preço das coisas com seu valor.

436. Introduza coisas diferentes, loucas em seu cotidiano. Pense nos homens que se fantasiam de mulher todo carnaval.

437. Acenda uma lareira com lenha que tenha colhido ou cortado.

438. Visualize a cena: você realizou seu sonho. Anote os detalhes que vê (onde está, em que estação do ano, que horas são). Anote cuidadosamente tudo o que sentir, entender, escutar.

439. “Sempre obtemos aquilo que desejamos ardentemente, constantemente.” (Napoleão) Seja ardente. E constante.

440. Organize um jantar romântico em casa. Velas, decoração, pratos especiais, música suave, flores, pequenas surpresas, etc.

441. Quando adiar alguma coisa importante, pense por que tem medo de executar essa tarefa.

442. Abra seus armários, separe, arrume e dê a entidades beneficentes tudo aquilo que não veste ou usa há dois anos.

443. Diga sempre aos seus filhos que confia totalmente neles e que vai amá-los sempre.

444. Sugira que seu amor venha esquentar seus pés frios ao seu lado, na cama.

445. Tenha sempre um currículo pronto para ser mandado.

446. Pratique pelo menos uma vez na vida: asa-delta, mergulho submarino e pára-quedas.

447. Grave os programas de TV que lhe interessam e tenha uma secretária eletrônica: vai ganhar 100% de liberdade.

448. Quando viajar, leve pouca bagagem.

449. Faça um pedido quando vir a primeira borboleta, a primeira abelha, a primeira andorinha, etc.

450. Aprenda a soltar pipa.

451. Fuja correndo dos pessimistas e dos frustrados.

452. Olhe seus fantasmas de frente, bem nos olhos. Eles acabarão se estrangulando. Sozinhos.

453. Descubra os esportes fluviais: *hydro-speed*, canoagem, *rafting*, *hairboat*, caiaque. Escolha aquele que mais o atrai.

454. "A natureza nos deu uma língua e duas orelhas para escutarmos o dobro do que dizemos." (Zenão) Escute mais os outros.

455. Se tropeçar, levante-se logo. Sem pensar. E se cair sete vezes, levante-se oito.

456. Tenha vasinhos com temperos em sua casa: manjericão, alecrim e pimenta-malagueta.

457. Ponha beleza e suavidade em sua vida. Comece pelo mais fácil: decore, colora, embeleze os lugares onde vive.

458. Prenda um sino de vento perto de sua porta. Escute o vento ou as correntes de ar fazê-lo vibrar.

459. Evite adivinhar os pensamentos dos outros. Pergunte-lhes.

460. Faça mágica. Não algo sobre-humano. Trabalhe menos. Mas melhor.

461. Reforce seus pontos fortes. Não tente controlar tudo.

462. Sinta o aroma dos jasmineiros em flor.

463. Vá com calma na vida: aonde quer que deseje ir, sempre chegará mais rápido.

464. Não economize no preço de uma boa cama, de belos lençóis, de um bonito quarto: é aí que você passa um terço de sua vida.

465. Deixe em paz seus filhos e seus pais.

466. Aprenda a reconhecer um pardal, um bem-te-vi, uma rolinha.

467. Passe uma noite ao relento com seu amor. Veja a noite passar. Conte estrelas. Contemple.

468. No fim da vida, você esquecerá seus erros. Mas se arrependerá do que não ousou fazer. Ouse.

469. Para seus edredons, travesseiros e outras almofadas, experimente penas de ganso.

470. Reavalie suas prioridades: faça primeiro o que realmente lhe agrada, aquilo a que está disposto a se dedicar 120%. O que o diverte e fascina. E o resto acabará encontrando seu lugar. Mais cedo ou mais tarde.

471. Convide seu amor para ir ao cinema no dia de estréia do filme mais recente de seu ator ou diretor preferido.

472. Uma única idéia pode mudar toda a sua vida. Abra os olhos, aguce os ouvidos. Ela pode aparecer a qualquer momento. Sem fazer ruído. Nem vestir roupa de gala.

473. Não escute ninguém que diga o contrário: todo mundo gosta de ELOGIOS sinceros. Sobretudo em PÚBLICO.

474. Dê um exemplar deste livro, com a sua dedicatória, a todas as pessoas de que gosta.

475. Organize uma festa em sua casa. Sem motivo especial. Mas, oficialmente, arrume um motivo.

476. ARRUME-SE.

477. Faça as pequenas coisas da vida com cuidado. Com amor.

478. Aumente em 10% o tempo de que precisa para chegar nos lugares. Assim você irá com mais calma.

479. Leve seu amor a uma loja de artigos esportivos.

480. Faça com que seu filho tenha o máximo de confiança nele mesmo. Você nunca poderá lhe dar um presente mais bonito.

481. Ponha uma flor no travesseiro do seu amor. Sem motivo. Ou para pedir um carinho especial?

482. O sucesso atrai o sucesso. Dê a partida.

483. O prazer atrai o prazer. Dê a partida.

484. Agir espanta o medo. Mãos à obra. Não espere: você nunca estará 100% pronto.

485. Crie uma ocasião para fazer um brinde em homenagem à pessoa com quem você compartilha sua vida.

486. Saia na rua com uma roupa igual à do seu amor.

487. Confie espontaneamente em um rosto novo. Desconfiar toma tempo demais, energia demais. E estraga tudo.

488. Tente ficar em jejum 36 horas seguidas. Beba apenas água.

489. Quando dirigir, faça-o com calma.

490. Enfeitice seu amor como se precisasse reconquistá-lo a cada manhã.

491. Vá passear em um parque. Dê sementes aos pássaros. Sente-se diante de um chafariz ou de um lago. Lagarteie.

492. Antes de um discurso, dê uma fugidinha para se sentar, com as costas bem retas e as mãos sobre os joelhos. Depois, experimente levantar-sentar-levantar como uma mola, durante cinco minutos: é um remédio infalível contra o nervosismo.

493. Conte cem estrelas cadentes no céu de verão.

494. Comemore as mudanças de estação com seu amor. Crie rituais a dois. Íntimos, divertidos, especiais, o que quiser.
Mas crie rituais a dois.

495. Eleve seu espírito.

496. Ouse sempre perguntar o que você não entende. Um instante de embaraço... contra horas de liberdade.

497. Faça um favor a alguém que jamais saberá que foi você.

498. Mantenha um diário com todos os seus progressos, vitórias, sucessos. Mesmo os menores. Para reler com deleite.

499. Parabenize e incentive alguém TODOS os dias.

500. Sua consciência sussurra. Fique em silêncio para escutá-la. E siga seus conselhos: é ela quem tem razão.

501. Fique atrás do seu amor, abrace-o, encoste-se nele. De olhos fechados, sinta o cheiro de seus cabelos e de sua nuca. Com os dedos, explore os contornos de seu rosto. Veja como as sensações são mais intensas.

502. Aprenda a relaxar. A se descontrair completamente. A relaxar os músculos. Rosto. Pescoço. Ombros. Peito. Costas. Barriga. Deixe seus pensamentos passarem como nuvens, sem tentar retê-los.

503. A felicidade é contagiosa: cerque-se de rostos felizes.

504. Acorde cedo toda segunda-feira: sinta a vida, a cidade, as pessoas que acordam. Faça planos. Pense nas boas coisas que lhe acontecerão durante a semana.

505. Perfume os ambientes de sua casa com essência de lavanda.

506. Colecione sem parar sinais de alegria em sua vida: rituais que sejam só seus, festas-surpresa, fotografias de recordação, objetos insólitos, decisões firmes, lembranças de acontecimentos agradáveis, uma lista infinita de suas coisas preferidas, etc. Você dará mais sentido, mais relevo e mais pontos de referência à sua vida. E se tornará um alquimista capaz de transformar o COMUM em MARAVILHOSO.

507. Combine um sinal para dizer "Eu te amo" de longe ou no meio de muita gente. Eu mexo no nariz com o indicador direito. Como no seriado *A Feiticeira*.

508. No trânsito ou em uma fila de espera, dê passagem para as pessoas.

509. Aprenda a tocar um instrumento musical.

510. Qualquer que seja o seu projeto, comece com os meios dos quais já dispõe. Sem esperar mais. Vá em frente.

511. Confie na SORTE.

## 512.

Morda a vida com vontade.
Não deixe o melhor para
o final. Coma-o logo.
A vida é curta demais.

## *Post-Scriptum*

Na Antiguidade, o trabalho era reservado aos escravos. Era degradante, humilhante. Durante séculos, ninguém teria perdido a vida tentando ganhá-la. Santo Tomás de Aquino chegava a recomendar o ócio. Foi no século XIX que o trabalho se tornou um valor universal: tanto a criança quanto o "velho" de 45 anos trabalhavam 17 horas por dia.

Crise de 1929: é preciso escoar as riquezas, passar à sociedade de consumo. O assalariado redescobre o "tempo livre". Depois vem a mensagem de maio de 68: o valor "trabalho" é apunhalado nas barricadas. Por razões socioculturais.

O crescimento dos anos 80 vai permitir uma tímida retomada: o desejo era trabalhar o máximo possível, criar empresas, tornar-se um Big Boss: foi a GERAÇÃO DOS PODEROSOS CHEFÕES. No entanto, dez anos depois, em que eles se transformaram? Queriam ter sucesso na vida. Antes de sua vida ser um sucesso. Pronto! Hoje, quase todos fazem parte da GERAÇÃO PROZAC.

A crise econômica não ajudou em nada. Pior ainda – uma avalanche de perigos parece aumentá-la cada vez mais. Fracassos ideológicos, fratura social, desengajamento das elites, deserção cívica, etc. A lista é longa! E a mídia faz seu trabalho a cada dia, como uma formidável caixa de ressonância. Resultado: por toda parte, o que vemos é o sentimento de um povo sitiado. A morosidade é crônica, a desilusão é geral, o desemprego assola todos os espíritos. Nós nos isolamos. Temos medo. Pior ainda: alguns se desesperam. Estaríamos à beira de um abismo?

Tomemos um pouco de distância: o espaço de três, quatro vidas humanas apenas. Era outro dia. Desde 1850, a expectativa de vida passou de 45 para quase 85 anos. O trabalho ocupava 70% de uma vida, hoje ocupa cerca de 12%. Trabalhamos SEIS VEZES MENOS do que nossos bisavós. E ainda não chegamos ao fim: nossa sociedade está discretamente diminuindo o tempo de trabalho. Por motivos econômicos. E, no ritmo em que as coisas andam, corremos o risco de a história se repetir bem rápido, e as gerações futuras talvez fiquem espantadas ao saber um dia que nós também nos rebaixávamos trabalhando.

O trabalho é um valor entre muitos. A maioria está em pleno processo de mutação, talvez de destruição. Vivemos uma crise tanto moral quanto econômica. Tudo está se partindo. Nada mais normal na escala da história da humanidade. Mas, na escala de uma vida humana, podemos ter a impressão de estar a bordo do *Titanic*. Vai naufragar, não vai naufragar?

Até o século XVIII, a moral vinha "do alto". A sociedade respeitava princípios sagrados e intangíveis, escritos e ditados pela religião. Em suma, os valores e os modelos (os santos) eram impostos ao homem.

Com a progressiva transformação de nossa sociedade, a maioria dessas obrigações austeras foi contestada e, em seguida, desvalorizada. Resultado: o homem encontra-se hoje liberado de uma submissão cega às forças religiosas e intemporais. Pela primeira vez, ele tem a formidável liberdade de escolher sozinho, no seu íntimo, seus valores, sua moral, seu modo de vida. Mas o vazio à sua frente é vertiginoso. Ele é livre como jamais foi em sua história. Mas livre para quê? Ao seu redor, tudo é livre, aberto, mas sem alma. Sem valores?

Aqui e ali já aparecem alguns sinais reconfortantes que traduzem a aprovação de valores como a justiça, a honestidade, a generosidade, a lealdade, a honra. Como reflexo da desolação de uma época sem referências, de futuro aleatório, cada um procura hoje em dia apoio e conforto em suas relações com os mais próximos. Procura introduzir respeito e gentileza em suas relações humanas. Procura reatar o nó social, ritualizá-lo graças às boas maneiras, à bondade, à gentileza, à cortesia. Redescobrimos assim que os pequenos balés do "Bom-dia", "Obrigado", "Até logo" que executamos para comprar o jornal são pedacinhos de felicidade.

Portanto, a moral pública de ontem está dando lugar a uma moral pessoal. Ainda somos todos aleijados morais, mas que progresso! Mesmo que a vitória não esteja garantida. A moral que antigamente vinha "de cima" às vezes fica tentada a voltar por nossas antenas de TV. Nossas personalidades são submetidas a duras provas pela mídia: como decidir por nós mesmos com tal balbúrdia? Como fazer silêncio dentro de nós mesmos, redescobrir nossa sabedoria profunda, quando a lógica da mídia consiste em nos fazer aceitar o modelo globalizado que ela alardeia com insistência e poder? Esse modelo valoriza a imagem, o instante e a emoção, em detrimento do sentido, da continuidade e da razão. Seria difícil contribuir mais para fossilizar nossas personalidades e desagregar nossas estruturas de base – crescer, aprender, merecer, integrar-se com a família, com a escola, etc. exigem tempo e esforço. Mas a mídia não tem nem tempo (lei do lucro) nem interesse em valorizar o esforço (lei da oferta). O "formato televisivo" (poucos segundos para um comercial, 25 minutos para um *sitcom,* 50 minutos para um seriado, 90 minutos para um filme) exige soluções rápidas e, no final, o herói deve ter vencido, o malvado perdido e os problemas todos resolvidos. Se acreditamos na mídia, não temos alternativa. Para continuar vivendo, não se deve pensar muito (ela faz isso por nós), e nossa única salvação está no frenesi, no controle remoto, nos melhores momentos. No movimento e na velocidade: como piões. Mas, enquanto os piões rodopiam em ritmo acelerado, internamente podem estar passando por uma revolução bem suave.

É possível, pois os sinais que anunciam uma valorização da lentidão (e até mesmo da preguiça!) estão se multiplicando. Sinais de uma busca prioritária por sentido, e não mais por desempenho. De uma busca por pontos de apoio, de unidade. Por harmonia. A vida só tem interesse por seu sentido, o sentido que pensamos que ela tem ou que lhe damos – e o sentido só vem com a lentidão. De que importa ter Internet, quantidades sobre-humanas de informação, se tudo se confunde, se mistura em nossa cabeça? Devemos urgentemente aprender a fazer silêncio dentro de nós mesmos, a ficar imóveis, a escutar a consciência sussurrar, a escutar nosso próprio coração, a reencontrar nossos pontos de referência, nossas raízes. Ir devagar. Levar o tempo que for preciso para compreender, para assimilar. Para dar ao dinheiro (caro demais) seu verdadeiro valor. Para redescobrir o verdadeiro preço da vida. O verdadeiro valor das coisas simples, das pequenas coisas insignificantes que fazem toda a diferença. Redescobrir os pequenos tesouros escondidos que tornam a vida maravilhosa. Que são as únicas coisas capazes de lhe devolver seu encantamento. Levar o tempo que for preciso para deixar nossa própria sensibilidade acordar plenamente. Para passear com calma, seguir as próprias intuições, curtir a preguiça, brincar. Sonhar com uma GERAÇÃO ZEN DA FELICIDADE.

Enquanto essa Idade de Ouro (e a aposentadoria aos 21 anos?) não chega, minha proposta é darmos uma sacudida no mundo. Mesmo que só seja possível mover um bilionésimo de milímetro! É tão simples. Conquiste sua felicidade, torne sua vida maravilhosa, cor-de-rosa, mágica: quando reencontrar esse frescor, essa simplicidade, você vai estender um tapete cor-de-rosa à sua frente. E a felicidade é contagiosa. Desde seus primeiros raios, todos à sua volta serão beneficiados. Como uma chuva de pétalas de rosa. Deixe este livro segurar sua mão e levar você para um passeio dentro de você mesmo. Exaltar o melhor que há em você. Abrir as portas de seu coração e as janelas de sua alma, deixar entrar uma boa lufada de ar. Despertar em você idéias, sentimentos, sensações, desejos que estavam adormecidos, prestes a desabrochar. Dar corpo às imagens e aos projetos nos quais você já pensava, mas sem formalizá-los realmente.

É claro que você não vai concordar com todos estes 512 itens e terá vontade de acrescentar outros, a partir de sua própria experiência. Por que não deixar os outros aproveitá-los também? Compartilhe suas idéias e emoções com seu amor, sua família, seus amigos.

Por enquanto, resta-me desejar-lhe boa viagem. Uma viagem maravilhosa. Isto não é a Disneylândia, menos ainda um supermercado da felicidade a preços de atacado ou o Marx Donald's de uma filosofia instantânea. Mas pela primeira vez o ser humano talvez esteja encontrando dentro de si mesmo os recursos e as respostas para os problemas com os quais se depara desde que está na Terra:

"Quem sou?", "De onde venho?", "Para onde vou?".

"EU TENHO UM SONHO HOJE": e se, onde muitos vêem apenas o risco de uma catástrofe planetária, apostássemos no começo de um renascimento? Se tivéssemos a nobreza de favorecer essa metamorfose?

Isto é apenas uma visão. Talvez um caminho a ser seguido. Os filósofos demonstraram-no muito bem: "Quem faz o anjo faz a besta." Mas, em todo caso, é preciso compreender que Paris está agora mais perto de Nova York do que de um vilarejo no interior da França e que, graças à Internet, é possível telefonar para o outro lado do mundo pelo preço de uma conversa ao interfone com seu porteiro. Estamos provavelmente no alvorecer da mais formidável transcendência do homem: a fusão-reconciliação universal de todas as religiões, de todas as filosofias. Um programa maravilhoso, não?

Por que não ajudamos o mundo a progredir um pouco? Mesmo um bilionésimo de milímetro?

Por que não decidimos transformar o mundo suavemente? E com ele, a vida. Inaugurar uma nova maneira de viver, novos valores, relações mais humanas. Maiores, mais fortes, mais bonitas. Rosas como a felicidade, leves como as borboletas.

E se decidíssemos ter a mente cheia de borboletas cor-de-rosa?

E se decidíssemos ser a primeira GERAÇÃO BORBOLETA?

Vocês talvez conheçam a teoria determinista do caos do climatólogo Edward Lorenz, difundida pela mídia com o nome de Efeito Borboleta: uma borboleta que bate as asas no Brasil pode desencadear um ciclone do outro lado do mundo. Então imagine o efeito de uma infinidade de borboletas. De dez, cem, mil, milhões de borboletas! Cor-de-rosa. Todas cor-de-rosa...

Desejo-lhe bom vento, borboleta. E, principalmente, uma vida boa, uma vida bela...

*Dominique Glocheux*

## Conheça importantes títulos da Editora Sextante

*De Sua Santidade, o Dalai-Lama*
### Palavras de Sabedoria

Este pequeno livro contém ensinamentos essenciais sobre o budismo e foi escrito pelo Dalai-Lama, um dos maiores líderes espirituais do nosso tempo.

Estas lições associam a sabedoria antiga à compreensão dos problemas da vida moderna e nos estimulam a refletir sobre a importância do amor, da compaixão e da necessidade da responsabilidade individual.

*De Darrin Zeer*
### Ioga no Trabalho

Darrin Zeer apresenta exercícios simples e prazerosos para energizar o seu dia. São exercícios que podem ser facilmente incluídos na sua rotina diária, já que foram criados para ser feitos em qualquer lugar, a qualquer momento: no escritório, durante reuniões, falando ao telefone, vendo televisão e na cama. São alongamentos suaves e relaxantes, que acalmam os músculos doloridos e diminuem a tensão.

Este livro vai inspirar você a cuidar de si mesmo no trabalho e ao longo do dia.

*De Augusto Cury*
VOCÊ É INSUBSTITUÍVEL

Este livro fala do amor pela vida que pulsa em cada ser humano. Ele conta a sua biografia. Se até hoje a sua história nunca havia sido contada em um livro, agora ela será, pelo menos em parte.

Você descobrirá alguns fatos relevantes que o tornaram o maior vencedor do mundo, o mais corajoso dos seres, o que mais cometeu loucuras de amor para poder estar vivo.

*De Bradley Trevor Greive*
UM DIA "DAQUELES"

Um Dia "Daqueles" é um livro-presente inspirador e divertido. Com suas incríveis e expressivas fotos de animais, ele tem encantado milhões de leitores no mundo inteiro.

Diante do bom humor do autor e da surpreendente "humanidade" que ele soube encontrar nos animais, é impossível deixar de sorrir.

Mesmo quando se está em um dia "daqueles".

## Outros títulos da Editora Sextante

*Jack Canfield, Mark Victor Hansen e Heather McNamara*
– Histórias para Aquecer o Coração

*David Niven*
– Os 100 Segredos das Pessoas Felizes
– Os 100 Segredos das Pessoas de Sucesso

*Sarah Breathnach*
– Algo Mais

*Cheryl Richardson*
– Sua Vida em Primeiro Lugar

*Louise Hay*
– Aprendendo a Gostar de Si Mesmo (acompanha CD)

*Bertrand Russell*
– O Elogio ao Ócio

*Iyanla Vanzant*
– Esperando o Amor Chegar

*David Kundtz*
– A Essencial Arte de Parar

*Richard Carlson e Benjamin Shield*
– Os Caminhos do Coração

*Oriah Mountain Dreamer*
– O Convite

## Informações sobre os próximos lançamentos

Para receber informações sobre os próximos lançamentos da Editora Sextante, queira entrar em contato com nossa Central de Atendimento, dando seu nome, endereço e telefone para:


Editora Sextante
Rua Voluntários da Pátria, 45 – Gr. 1404 – Botafogo
22270-000 – Rio de Janeiro – RJ
Tel.: (21) 2286-9944 – Fax: (21) 2286-9244
DDG: 0800-22-6306 (ligação gratuita)
*E-mail:* atendimento@esextante.com.br